My crazy Dating Stories

Das einzigartige Dating Tagebuch - Für die besten und schlimmsten Date Erfahrungen

Emily Funke

Originale Erstauflage

Softcover: 978-3-96967-258-7

Lektorat: Matthias Kramer

Druck/Auslieferung: Amazon.com oder eine Tochtergesellschaft

Impressum:

Eulogia Verlags GmbH

Gänsemarkt 43

20354 Hamburg

Deutschland

Wir wünschen viel Vergnügen beim Lesen!

Traumhafte Dates

♡ Dieses Buch gehört:

Das wünsche ich mir von einem Date

♡ --

♡ --

♡ --

♡ --

♡ --

♡ --

♡ --

♡ --

♡ --

♡ --

♡ --

♡ --

♡ --

♡ --

♡ --

Das wünsche ich mir von einem Partner oder einer Partnerin

♡ --

♡ --

♡ --

♡ --

♡ --

♡ --

♡ --

♡ --

♡ --

♡ --

♡ --

♡ --

♡ --

♡ --

Die Dates meiner Träume

Traumhafte Date-Ideen

- ♡ Minigolf spielen
- ♡ Ein Zoobesuch
- ♡ Ein Picknick im Park
- ♡ Gemeinsam kochen
- ♡ Das klassische Dinner im Restaurant
- ♡ Ein Kinobesuch
- ♡ Ein Autokinobesuch
- ♡ Fotoautomat-Hopping
- ♡ Erdbeeren pflücken
- ♡ Eislaufen gehen
- ♡ Ein Open-Air-Konzert besuchen
- ♡ Am See / Bach / Kanal schwimmen gehen
- ♡ Einen Trödelmarkt besuchen
- ♡ Brunchen
- ♡ Einen Freizeitpark besuchen
- ♡ Einen Tag am Strand verbringen
- ♡ Sterne gucken und Sternschnup-pen zählen
- ♡ Ein Escape-Game spielen
- ♡ Bowlen gehen
- ♡ Go-Kart fahren
- ♡ Eine Therme oder Sauna besuchen
- ♡ In ein Planetarium gehen
- ♡ Gemeinsam Cocktails mixen
- ♡ Einen Waldspaziergang machen
- ♡ Im Park spazieren gehen
- ♡ Äpfel pflücken gehen
- ♡ Einen Drachen steigen lassen
- ♡ Eine Fahrt im Heißluftballon machen
- ♡ Tandem-Fahrrad fahren
- ♡ Ein Tierheim besuchen
- ♡ Einen Kürbis schnitzen
- ♡ Eine Weinverkostung
- ♡ Ein Krimi-Dinner besuchen
- ♡ In eine Karaoke-Bar gehen
- ♡ Einen Tag im Buchladen verbringen
- ♡ Schlittenfahren
- ♡ Einen Weihnachtsmarkt besuchen
- ♡ Skifahren
- ♡ Einen Schneemann bauen
- ♡ Eine Schneeballschlacht machen
- ♡ Ein Whisky- / Gin-Tasting machen
- ♡ Plätzchen backen
- ♡ Auf ein Konzert gehen
- ♡ Ein Festival besuchen
- ♡ Einen Serienmarathon machen
- ♡ Einen Poetry-Slam besuchen
- ♡ Ein Musical ansehen
- ♡ In eine Kunstausstellung gehen
- ♡ Ein Theater besuchen
- ♡ Stand-Up-Paddling
- ♡ Klettern gehen
- ♡ Billard spielen
- ♡ Lasertag spielen

Date-Historie

NAME DES DATE-PARTNERS / DER DATE-PARTNERIN: ______________________________

DATE-ZEITPUNKT: ______________________________

DATE-ORT: ______________________________

MEINE ERWARTUNGSHALTUNG: ______________________________

____

NERVOSITÄTSLEVEL: ☐ ☐ ☐ ☐ ☐

DER ERSTE EINDRUCK: ☐ ☐ ☐ ☐ ☐

SO LIEF DAS DATE AB:

1. ______________________________

2. ______________________________

3. ______________________________

Das war der schönste Moment: ____

____

Das war der schlimmste Moment: ______________________________________

____

Wäre das Date ein Song gewesen, hätte es folgenden Titel: ________________

____

Dieser Berühmtheit ähnelt mein Dating-Partner / meine Dating-Partnerin: _____

____

____

So würde mein bester Freund / meine beste Freundin dieses Date bewerten:

☐ ☐ ☐ ☐ ☐

Wie gut gefällt mir mein Date?

DAS ERSCHEINUNGSBILD:

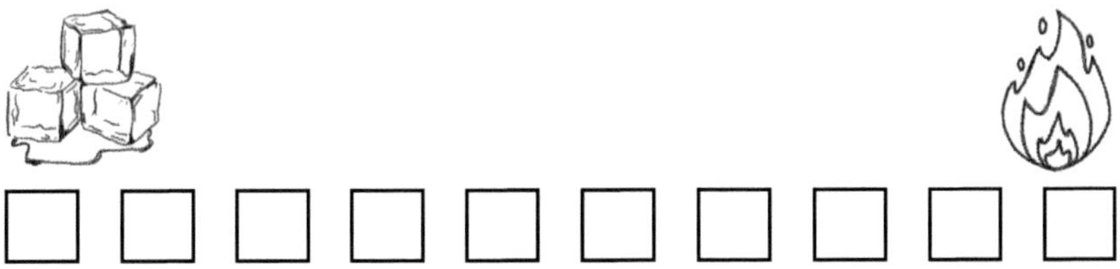

DER KLEIDUNGSSTIL:

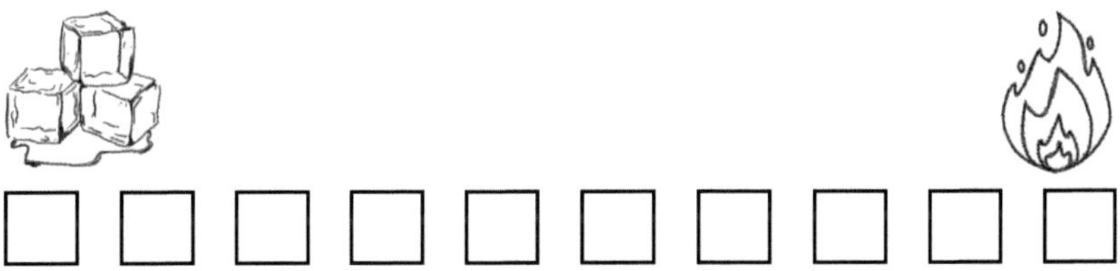

DAS VERHALTEN UND DIE MANIEREN:

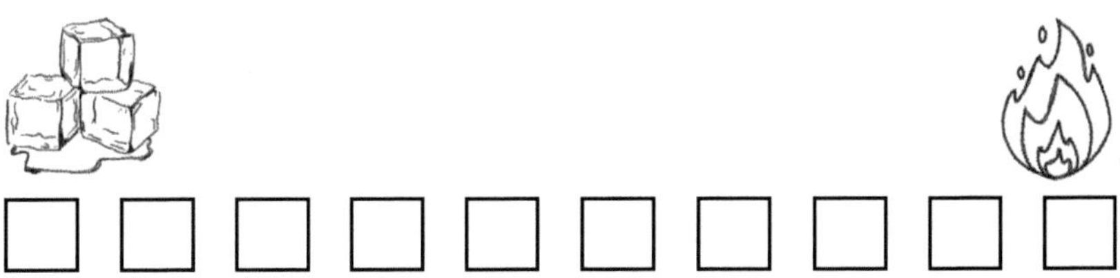

DIE GESPRÄCHE:

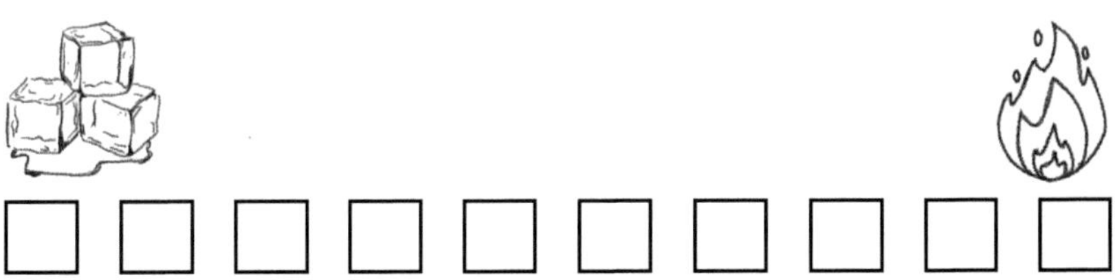

Der Humor:

☐ ☐ ☐ ☐ ☐ ☐ ☐ ☐ ☐ ☐

Gemeinsame Interessen:

☐ ☐ ☐ ☐ ☐ ☐ ☐ ☐ ☐ ☐

Flirt-Faktor:

☐ ☐ ☐ ☐ ☐ ☐ ☐ ☐ ☐ ☐

Potential als fester Partner / als feste Partnerin:

☐ ☐ ☐ ☐ ☐ ☐ ☐ ☐ ☐ ☐

Gesamtbewertung des Dates:

☐ ☐ ☐ ☐ ☐ ☐ ☐ ☐ ☐ ☐

Date-Historie

NAME DES DATE-PARTNERS / DER DATE-PARTNERIN: ______________________________

DATE-ZEITPUNKT: ______________________________

DATE-ORT: ______________________________

MEINE ERWARTUNGSHALTUNG: ______________________________

____

NERVOSITÄTSLEVEL: ☐ ☐ ☐ ☐ ☐

DER ERSTE EINDRUCK: ☐ ☐ ☐ ☐ ☐

SO LIEF DAS DATE AB:

1. ______________________________

2. ______________________________

3. ______________________________

Das war der schönste Moment: ____________________________

____

Das war der schlimmste Moment: ____________________________

____

Wäre das Date ein Song gewesen, hätte es folgenden Titel: ______________

____

Dieser Berühmtheit ähnelt mein Dating-Partner / meine Dating-Partnerin: _____

____

____

So würde mein bester Freund / meine beste Freundin dieses Date bewerten:

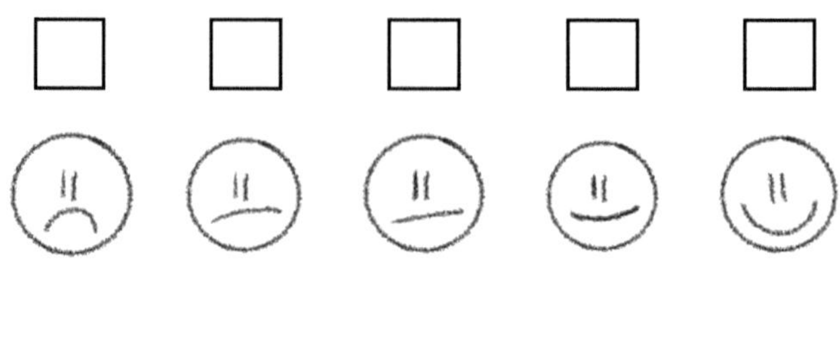

Wie gut gefällt mir mein Date?

DAS ERSCHEINUNGSBILD:

☐ ☐ ☐ ☐ ☐ ☐ ☐ ☐ ☐ ☐

DER KLEIDUNGSSTIL:

☐ ☐ ☐ ☐ ☐ ☐ ☐ ☐ ☐ ☐

DAS VERHALTEN UND DIE MANIEREN:

☐ ☐ ☐ ☐ ☐ ☐ ☐ ☐ ☐ ☐

DIE GESPRÄCHE:

☐ ☐ ☐ ☐ ☐ ☐ ☐ ☐ ☐ ☐

Der Humor:

Gemeinsame Interessen:

Flirt-Faktor:

Potential als fester Partner / als feste Partnerin:

Gesamtbewertung des Dates:

Date-Historie

Name des Date-Partners / der Date-Partnerin: ______________________________

Date-Zeitpunkt: ______________________________

Date-Ort: ______________________________

Meine Erwartungshaltung: ______________________________

____

Nervositätslevel: ☐ ☐ ☐ ☐ ☐

Der erste Eindruck: ☐ ☐ ☐ ☐ ☐

So lief das Date ab:

1. ______________________________

2. ______________________________

3. ______________________________

Das war der schönste Moment: ____

____

Das war der schlimmste Moment: ____

____

Wäre das Date ein Song gewesen, hätte es folgenden Titel: __________________

____

Dieser Berühmtheit ähnelt mein Dating-Partner / meine Dating-Partnerin: _____

____

____

So würde mein bester Freund / meine beste Freundin dieses Date bewerten:

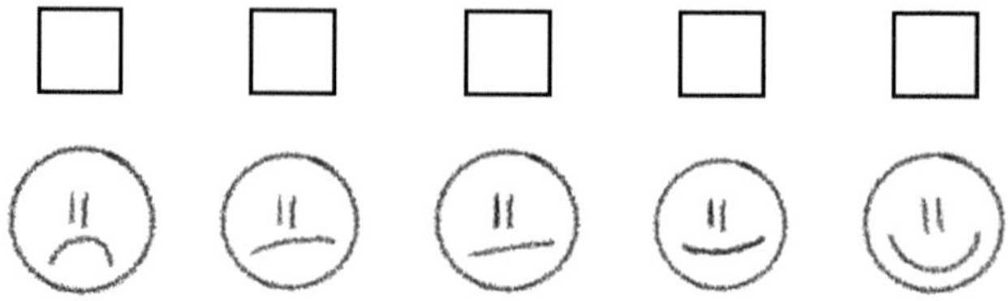

Wie gut gefällt mir mein Date?

DAS ERSCHEINUNGSBILD:

☐ ☐ ☐ ☐ ☐ ☐ ☐ ☐ ☐ ☐

DER KLEIDUNGSSTIL:

☐ ☐ ☐ ☐ ☐ ☐ ☐ ☐ ☐ ☐

DAS VERHALTEN UND DIE MANIEREN:

☐ ☐ ☐ ☐ ☐ ☐ ☐ ☐ ☐ ☐

DIE GESPRÄCHE:

☐ ☐ ☐ ☐ ☐ ☐ ☐ ☐ ☐ ☐

Der Humor:

☐ ☐ ☐ ☐ ☐ ☐ ☐ ☐ ☐ ☐

Gemeinsame Interessen:

☐ ☐ ☐ ☐ ☐ ☐ ☐ ☐ ☐ ☐

Flirt-Faktor:

☐ ☐ ☐ ☐ ☐ ☐ ☐ ☐ ☐ ☐

Potential als fester Partner / als feste Partnerin:

☐ ☐ ☐ ☐ ☐ ☐ ☐ ☐ ☐ ☐

Gesamtbewertung des Dates:

☐ ☐ ☐ ☐ ☐ ☐ ☐ ☐ ☐ ☐

Date-Historie

Name des Date-Partners / der Date-Partnerin: ______________________________

Date-Zeitpunkt: ______________________________

Date-Ort: ______________________________

Meine Erwartungshaltung: ______________________________

____

Nervositätslevel: ☐ ☐ ☐ ☐ ☐

Der erste Eindruck: ☐ ☐ ☐ ☐ ☐

So lief das Date ab:

1. ______________________________

2. ______________________________

3. ______________________________

Das war der schönste Moment: ________________________________

____

Das war der schlimmste Moment: ______________________________

____

Wäre das Date ein Song gewesen, hätte es folgenden Titel: __________

____

Dieser Berühmtheit ähnelt mein Dating-Partner / meine Dating-Partnerin: _____

____

____

So würde mein bester Freund / meine beste Freundin dieses Date bewerten:

☐ ☐ ☐ ☐ ☐

Wie gut gefällt mir mein Date?

DAS ERSCHEINUNGSBILD:

☐ ☐ ☐ ☐ ☐ ☐ ☐ ☐ ☐ ☐

DER KLEIDUNGSSTIL:

☐ ☐ ☐ ☐ ☐ ☐ ☐ ☐ ☐ ☐

DAS VERHALTEN UND DIE MANIEREN:

☐ ☐ ☐ ☐ ☐ ☐ ☐ ☐ ☐ ☐

DIE GESPRÄCHE:

☐ ☐ ☐ ☐ ☐ ☐ ☐ ☐ ☐ ☐

Der Humor:

☐ ☐ ☐ ☐ ☐ ☐ ☐ ☐ ☐ ☐

Gemeinsame Interessen:

☐ ☐ ☐ ☐ ☐ ☐ ☐ ☐ ☐ ☐

Flirt-Faktor:

☐ ☐ ☐ ☐ ☐ ☐ ☐ ☐ ☐ ☐

Potential als fester Partner / als feste Partnerin:

☐ ☐ ☐ ☐ ☐ ☐ ☐ ☐ ☐ ☐

Gesamtbewertung des Dates:

☐ ☐ ☐ ☐ ☐ ☐ ☐ ☐ ☐ ☐

Date-Historie

NAME DES DATE-PARTNERS / DER DATE-PARTNERIN: ______________________________

DATE-ZEITPUNKT: ______________________________

DATE-ORT: ______________________________

MEINE ERWARTUNGSHALTUNG: ______________________________

____

NERVOSITÄTSLEVEL: ☐ ☐ ☐ ☐ ☐

DER ERSTE EINDRUCK: ☐ ☐ ☐ ☐ ☐

SO LIEF DAS DATE AB:

1. ______________________________

2. ______________________________

3. ______________________________

Das war der schönste Moment: ____________________________________

____

Das war der schlimmste Moment: ____________________________________

____

Wäre das Date ein Song gewesen, hätte es folgenden Titel: ________________

____

Dieser Berühmtheit ähnelt mein Dating-Partner / meine Dating-Partnerin: _____

____

____

So würde mein bester Freund / meine beste Freundin dieses Date bewerten:

☐ ☐ ☐ ☐ ☐

Wie gut gefällt mir mein Date?

DAS ERSCHEINUNGSBILD:

☐ ☐ ☐ ☐ ☐ ☐ ☐ ☐ ☐ ☐

DER KLEIDUNGSSTIL:

☐ ☐ ☐ ☐ ☐ ☐ ☐ ☐ ☐ ☐

DAS VERHALTEN UND DIE MANIEREN:

☐ ☐ ☐ ☐ ☐ ☐ ☐ ☐ ☐ ☐

DIE GESPRÄCHE:

☐ ☐ ☐ ☐ ☐ ☐ ☐ ☐ ☐ ☐

Der Humor:

☐ ☐ ☐ ☐ ☐ ☐ ☐ ☐ ☐ ☐

Gemeinsame Interessen:

☐ ☐ ☐ ☐ ☐ ☐ ☐ ☐ ☐ ☐

Flirt-Faktor:

☐ ☐ ☐ ☐ ☐ ☐ ☐ ☐ ☐ ☐

Potential als fester Partner / als feste Partnerin:

☐ ☐ ☐ ☐ ☐ ☐ ☐ ☐ ☐ ☐

Gesamtbewertung des Dates:

☐ ☐ ☐ ☐ ☐ ☐ ☐ ☐ ☐ ☐

Date-Historie

NAME DES DATE-PARTNERS / DER DATE-PARTNERIN: ______________________________

DATE-ZEITPUNKT: ______________________________

DATE-ORT: ______________________________

MEINE ERWARTUNGSHALTUNG: ______________________________

____

NERVOSITÄTSLEVEL: ☐ ☐ ☐ ☐ ☐

DER ERSTE EINDRUCK: ☐ ☐ ☐ ☐ ☐

SO LIEF DAS DATE AB:

1. ______________________________

2. ______________________________

3. ______________________________

Das war der schönste Moment: ____

____

Das war der schlimmste Moment: ______________________________________

____

Wäre das Date ein Song gewesen, hätte es folgenden Titel: ________________

____

Dieser Berühmtheit ähnelt mein Dating-Partner / meine Dating-Partnerin: _____

____

____

So würde mein bester Freund / meine beste Freundin dieses Date bewerten:

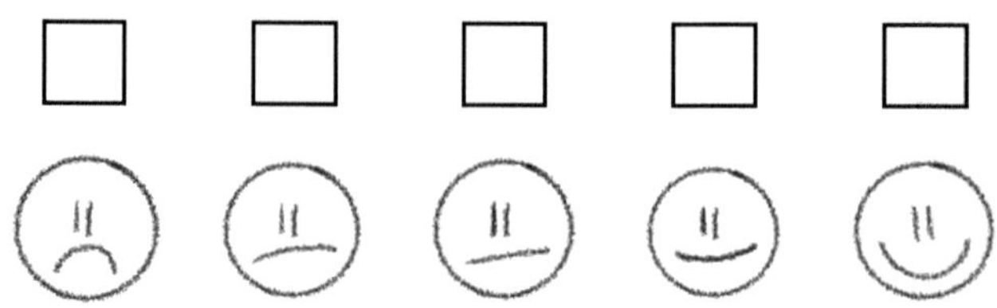

Wie gut gefällt mir mein Date?

DAS ERSCHEINUNGSBILD:

☐ ☐ ☐ ☐ ☐ ☐ ☐ ☐ ☐ ☐

DER KLEIDUNGSSTIL:

☐ ☐ ☐ ☐ ☐ ☐ ☐ ☐ ☐ ☐

DAS VERHALTEN UND DIE MANIEREN:

☐ ☐ ☐ ☐ ☐ ☐ ☐ ☐ ☐ ☐

DIE GESPRÄCHE:

☐ ☐ ☐ ☐ ☐ ☐ ☐ ☐ ☐ ☐

Der Humor:

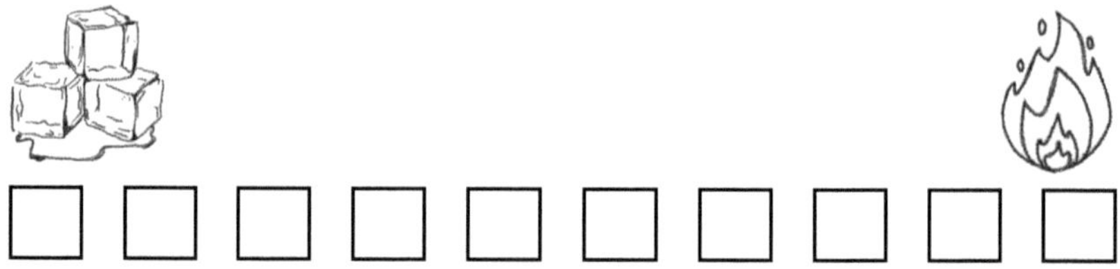

Gemeinsame Interessen:

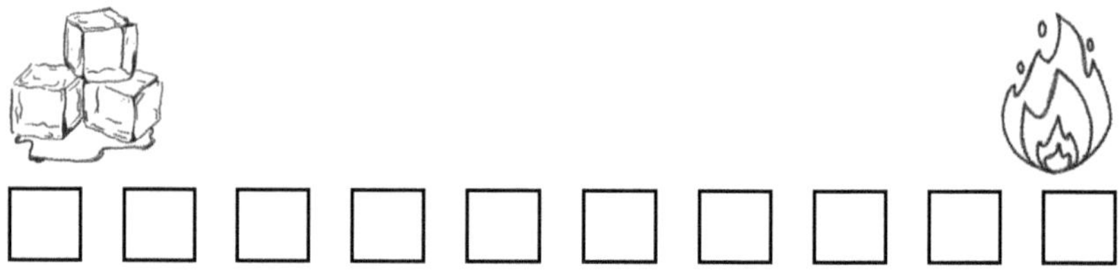

Flirt-Faktor:

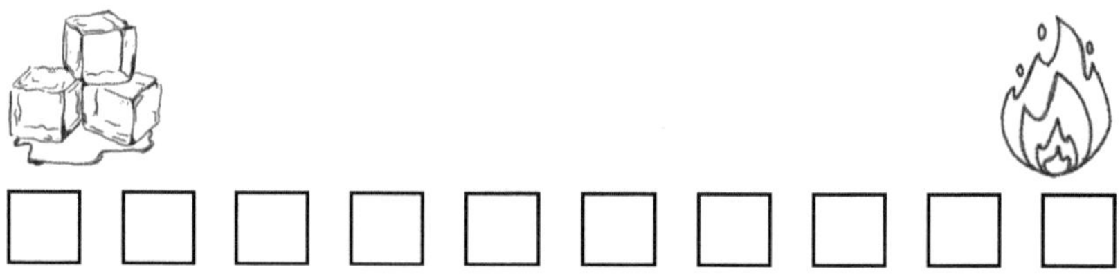

Potential als fester Partner / als feste Partnerin:

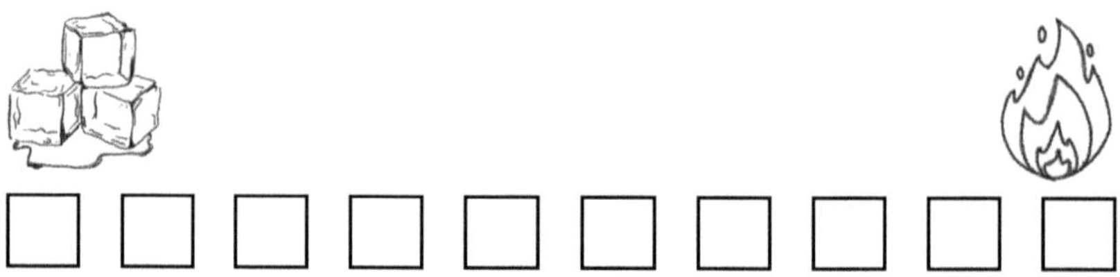

Gesamtbewertung des Dates:

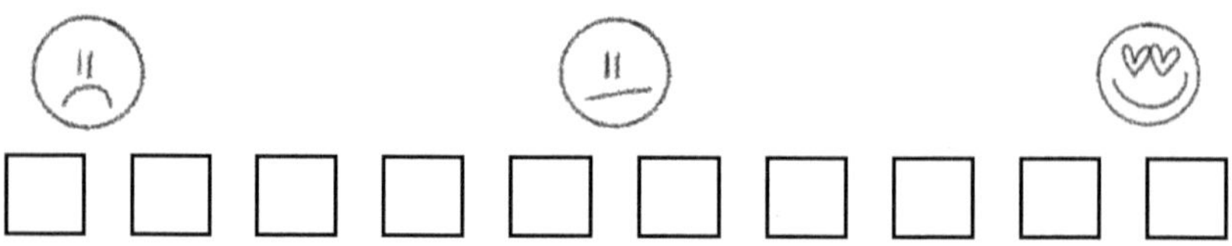

Date-Historie

Name des Date-Partners / der Date-Partnerin: ______________________________

Date-Zeitpunkt: ______________________________________

Date-Ort: ____

Meine Erwartungshaltung: __________________________________

____

Nervositätslevel: ☐ ☐ ☐ ☐ ☐

Der erste Eindruck: ☐ ☐ ☐ ☐ ☐

So lief das Date ab:

1. ______________________________________

2. ____________________________________

3. __________________________________

Das war der schönste Moment: ______________________________

____

Das war der schlimmste Moment: ______________________________

____

Wäre das Date ein Song gewesen, hätte es folgenden Titel: ______________

____

Dieser Berühmtheit ähnelt mein Dating-Partner / meine Dating-Partnerin: ____

____

____

So würde mein bester Freund / meine beste Freundin dieses Date bewerten:

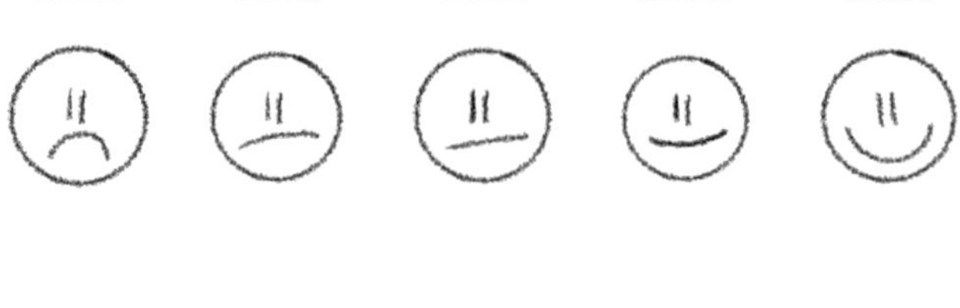

Wie gut gefällt mir mein Date?

DAS ERSCHEINUNGSBILD:

☐ ☐ ☐ ☐ ☐ ☐ ☐ ☐ ☐ ☐

DER KLEIDUNGSSTIL:

☐ ☐ ☐ ☐ ☐ ☐ ☐ ☐ ☐ ☐

DAS VERHALTEN UND DIE MANIEREN:

☐ ☐ ☐ ☐ ☐ ☐ ☐ ☐ ☐ ☐

DIE GESPRÄCHE:

☐ ☐ ☐ ☐ ☐ ☐ ☐ ☐ ☐ ☐

Der Humor:

☐ ☐ ☐ ☐ ☐ ☐ ☐ ☐ ☐ ☐

Gemeinsame Interessen:

☐ ☐ ☐ ☐ ☐ ☐ ☐ ☐ ☐ ☐

Flirt-Faktor:

☐ ☐ ☐ ☐ ☐ ☐ ☐ ☐ ☐ ☐

Potential als fester Partner / als feste Partnerin:

☐ ☐ ☐ ☐ ☐ ☐ ☐ ☐ ☐ ☐

Gesamtbewertung des Dates:

☐ ☐ ☐ ☐ ☐ ☐ ☐ ☐ ☐ ☐

Date-Historie

NAME DES DATE-PARTNERS / DER DATE-PARTNERIN: ______________________________

DATE-ZEITPUNKT: ______________________________

DATE-ORT: ______________________________

MEINE ERWARTUNGSHALTUNG: ______________________________

____

NERVOSITÄTSLEVEL: ☐ ☐ ☐ ☐ ☐

DER ERSTE EINDRUCK: ☐ ☐ ☐ ☐ ☐

SO LIEF DAS DATE AB:

1. ______________________________

2. ______________________________

3. ______________________________

Das war der schönste Moment: ____

____

Das war der schlimmste Moment: ____

____

Wäre das Date ein Song gewesen, hätte es folgenden Titel: ____________________

____

Dieser Berühmtheit ähnelt mein Dating-Partner / meine Dating-Partnerin: _____

____

____

So würde mein bester Freund / meine beste Freundin dieses Date bewerten:

☐ ☐ ☐ ☐ ☐

Wie gut gefällt mir mein Date?

DAS ERSCHEINUNGSBILD:

☐ ☐ ☐ ☐ ☐ ☐ ☐ ☐ ☐ ☐

DER KLEIDUNGSSTIL:

☐ ☐ ☐ ☐ ☐ ☐ ☐ ☐ ☐ ☐

DAS VERHALTEN UND DIE MANIEREN:

☐ ☐ ☐ ☐ ☐ ☐ ☐ ☐ ☐ ☐

DIE GESPRÄCHE:

☐ ☐ ☐ ☐ ☐ ☐ ☐ ☐ ☐ ☐

Der Humor:

☐ ☐ ☐ ☐ ☐ ☐ ☐ ☐ ☐ ☐

Gemeinsame Interessen:

☐ ☐ ☐ ☐ ☐ ☐ ☐ ☐ ☐ ☐

Flirt-Faktor:

☐ ☐ ☐ ☐ ☐ ☐ ☐ ☐ ☐ ☐

Potential als fester Partner / als feste Partnerin:

☐ ☐ ☐ ☐ ☐ ☐ ☐ ☐ ☐ ☐

Gesamtbewertung des Dates:

☐ ☐ ☐ ☐ ☐ ☐ ☐ ☐ ☐ ☐

Date-Historie

NAME DES DATE-PARTNERS / DER DATE-PARTNERIN: ________________________________

DATE-ZEITPUNKT: ________________________________

DATE-ORT: ________________________________

MEINE ERWARTUNGSHALTUNG: ________________________________

____

NERVOSITÄTSLEVEL: ☐ ☐ ☐ ☐ ☐

DER ERSTE EINDRUCK: ☐ ☐ ☐ ☐ ☐

SO LIEF DAS DATE AB:

1. ________________________________

2. ________________________________

3. ________________________________

DAS WAR DER SCHÖNSTE MOMENT: ______________________________

____

DAS WAR DER SCHLIMMSTE MOMENT: ______________________________

____

WÄRE DAS DATE EIN SONG GEWESEN, HÄTTE ES FOLGENDEN TITEL: ______________

____

DIESER BERÜHMTHEIT ÄHNELT MEIN DATING-PARTNER / MEINE DATING-PARTNERIN: _____

____

____

SO WÜRDE MEIN BESTER FREUND / MEINE BESTE FREUNDIN DIESES DATE BEWERTEN:

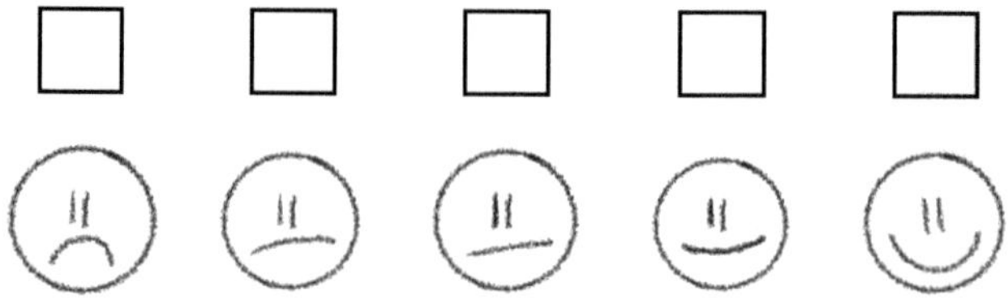

Wie gut gefällt mir mein Date?

Das Erscheinungsbild:

☐ ☐ ☐ ☐ ☐ ☐ ☐ ☐ ☐ ☐

Der Kleidungsstil:

☐ ☐ ☐ ☐ ☐ ☐ ☐ ☐ ☐ ☐

Das Verhalten und die Manieren:

☐ ☐ ☐ ☐ ☐ ☐ ☐ ☐ ☐ ☐

Die Gespräche:

☐ ☐ ☐ ☐ ☐ ☐ ☐ ☐ ☐ ☐

Der Humor:

☐ ☐ ☐ ☐ ☐ ☐ ☐ ☐ ☐ ☐

Gemeinsame Interessen:

☐ ☐ ☐ ☐ ☐ ☐ ☐ ☐ ☐ ☐

Flirt-Faktor:

☐ ☐ ☐ ☐ ☐ ☐ ☐ ☐ ☐ ☐

Potential als fester Partner / als feste Partnerin:

☐ ☐ ☐ ☐ ☐ ☐ ☐ ☐ ☐ ☐

Gesamtbewertung des Dates:

☐ ☐ ☐ ☐ ☐ ☐ ☐ ☐ ☐ ☐

Date-Historie

NAME DES DATE-PARTNERS / DER DATE-PARTNERIN: ______________________________

DATE-ZEITPUNKT: ______________________________

DATE-ORT: ______________________________

MEINE ERWARTUNGSHALTUNG: ______________________________

____

NERVOSITÄTSLEVEL: ☐ ☐ ☐ ☐ ☐

DER ERSTE EINDRUCK: ☐ ☐ ☐ ☐ ☐

SO LIEF DAS DATE AB:

1. ______________________________

2. ______________________________

3. ______________________________

DAS WAR DER SCHÖNSTE MOMENT: ____

____

DAS WAR DER SCHLIMMSTE MOMENT: ____

____

WÄRE DAS DATE EIN SONG GEWESEN, HÄTTE ES FOLGENDEN TITEL: _________________

____

DIESER BERÜHMTHEIT ÄHNELT MEIN DATING-PARTNER / MEINE DATING-PARTNERIN: _____

____

____

SO WÜRDE MEIN BESTER FREUND / MEINE BESTE FREUNDIN DIESES DATE BEWERTEN:

☐ ☐ ☐ ☐ ☐

Wie gut gefällt mir mein Date?

DAS ERSCHEINUNGSBILD:

☐ ☐ ☐ ☐ ☐ ☐ ☐ ☐ ☐ ☐

DER KLEIDUNGSSTIL:

☐ ☐ ☐ ☐ ☐ ☐ ☐ ☐ ☐ ☐

DAS VERHALTEN UND DIE MANIEREN:

☐ ☐ ☐ ☐ ☐ ☐ ☐ ☐ ☐ ☐

DIE GESPRÄCHE:

☐ ☐ ☐ ☐ ☐ ☐ ☐ ☐ ☐ ☐

Der Humor:

☐ ☐ ☐ ☐ ☐ ☐ ☐ ☐ ☐ ☐

Gemeinsame Interessen:

☐ ☐ ☐ ☐ ☐ ☐ ☐ ☐ ☐ ☐

Flirt-Faktor:

☐ ☐ ☐ ☐ ☐ ☐ ☐ ☐ ☐ ☐

Potential als fester Partner / als feste Partnerin:

☐ ☐ ☐ ☐ ☐ ☐ ☐ ☐ ☐ ☐

Gesamtbewertung des Dates:

☐ ☐ ☐ ☐ ☐ ☐ ☐ ☐ ☐ ☐

Date-Historie

NAME DES DATE-PARTNERS / DER DATE-PARTNERIN: ____________________________________

DATE-ZEITPUNKT: ____________________________________

DATE-ORT: ____________________________________

MEINE ERWARTUNGSHALTUNG: ____________________________________

____

NERVOSITÄTSLEVEL: ☐ ☐ ☐ ☐ ☐

DER ERSTE EINDRUCK: ☐ ☐ ☐ ☐ ☐

SO LIEF DAS DATE AB:

1. ____________________________________

2. ____________________________________

3. ____________________________________

Das war der schönste Moment: ______________________________

____

Das war der schlimmste Moment: ____________________________

____

Wäre das Date ein Song gewesen, hätte es folgenden Titel: ____________

____

Dieser Berühmtheit ähnelt mein Dating-Partner / meine Dating-Partnerin: _____

____

____

So würde mein bester Freund / meine beste Freundin dieses Date bewerten:

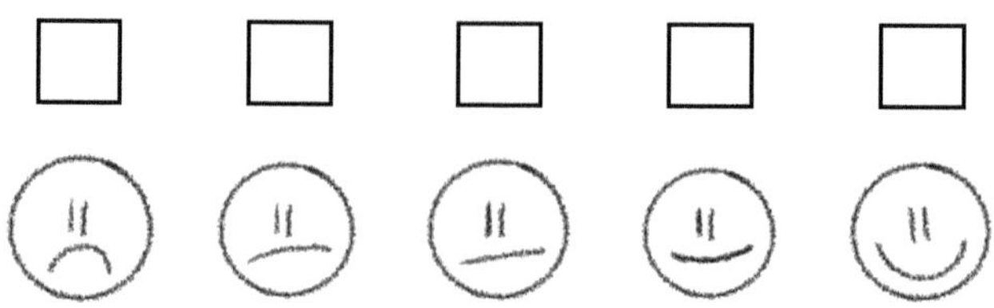

Wie gut gefällt mir mein Date?

Das Erscheinungsbild:

☐ ☐ ☐ ☐ ☐ ☐ ☐ ☐ ☐ ☐

Der Kleidungsstil:

☐ ☐ ☐ ☐ ☐ ☐ ☐ ☐ ☐ ☐

Das Verhalten und die Manieren:

☐ ☐ ☐ ☐ ☐ ☐ ☐ ☐ ☐ ☐

Die Gespräche:

☐ ☐ ☐ ☐ ☐ ☐ ☐ ☐ ☐ ☐

Der Humor:

☐ ☐ ☐ ☐ ☐ ☐ ☐ ☐ ☐ ☐

Gemeinsame Interessen:

☐ ☐ ☐ ☐ ☐ ☐ ☐ ☐ ☐ ☐

Flirt-Faktor:

☐ ☐ ☐ ☐ ☐ ☐ ☐ ☐ ☐ ☐

Potential als fester Partner / als feste Partnerin:

☐ ☐ ☐ ☐ ☐ ☐ ☐ ☐ ☐ ☐

Gesamtbewertung des Dates:

☐ ☐ ☐ ☐ ☐ ☐ ☐ ☐ ☐ ☐

Date-Historie

NAME DES DATE-PARTNERS / DER DATE-PARTNERIN: ______________________________

DATE-ZEITPUNKT: ______________________________

DATE-ORT: ______________________________

MEINE ERWARTUNGSHALTUNG: ______________________________

____

NERVOSITÄTSLEVEL: ☐ ☐ ☐ ☐ ☐

DER ERSTE EINDRUCK: ☐ ☐ ☐ ☐ ☐

SO LIEF DAS DATE AB:

1. ______________________________

2. ______________________________

3. ______________________________

Das war der schönste Moment: ____

____

Das war der schlimmste Moment: ____

____

Wäre das Date ein Song gewesen, hätte es folgenden Titel: ____________________

____

Dieser Berühmtheit ähnelt mein Dating-Partner / meine Dating-Partnerin: _____

____

____

So würde mein bester Freund / meine beste Freundin dieses Date bewerten:

☐ ☐ ☐ ☐ ☐

Wie gut gefällt mir mein Date?

DAS ERSCHEINUNGSBILD:

☐ ☐ ☐ ☐ ☐ ☐ ☐ ☐ ☐ ☐

DER KLEIDUNGSSTIL:

☐ ☐ ☐ ☐ ☐ ☐ ☐ ☐ ☐ ☐

DAS VERHALTEN UND DIE MANIEREN:

☐ ☐ ☐ ☐ ☐ ☐ ☐ ☐ ☐ ☐

DIE GESPRÄCHE:

☐ ☐ ☐ ☐ ☐ ☐ ☐ ☐ ☐ ☐

Der Humor:

☐ ☐ ☐ ☐ ☐ ☐ ☐ ☐ ☐ ☐

Gemeinsame Interessen:

☐ ☐ ☐ ☐ ☐ ☐ ☐ ☐ ☐ ☐

Flirt-Faktor:

☐ ☐ ☐ ☐ ☐ ☐ ☐ ☐ ☐ ☐

Potential als fester Partner / als feste Partnerin:

☐ ☐ ☐ ☐ ☐ ☐ ☐ ☐ ☐ ☐

Gesamtbewertung des Dates:

☐ ☐ ☐ ☐ ☐ ☐ ☐ ☐ ☐ ☐

Date-Historie

Name des Date-Partners / der Date-Partnerin: ______________________________

Date-Zeitpunkt: ______________________________

Date-Ort: ______________________________

Meine Erwartungshaltung: ______________________________

____

Nervositätslevel: ☐ ☐ ☐ ☐ ☐

Der erste Eindruck: ☐ ☐ ☐ ☐ ☐

So lief das Date ab:

1. ______________________________

2. ______________________________

3. ______________________________

Das war der schönste Moment: ______________________________

____

Das war der schlimmste Moment: ____________________________

____

Wäre das Date ein Song gewesen, hätte es folgenden Titel: ______________

____

Dieser Berühmtheit ähnelt mein Dating-Partner / meine Dating-Partnerin: _____

____

____

So würde mein bester Freund / meine beste Freundin dieses Date bewerten:

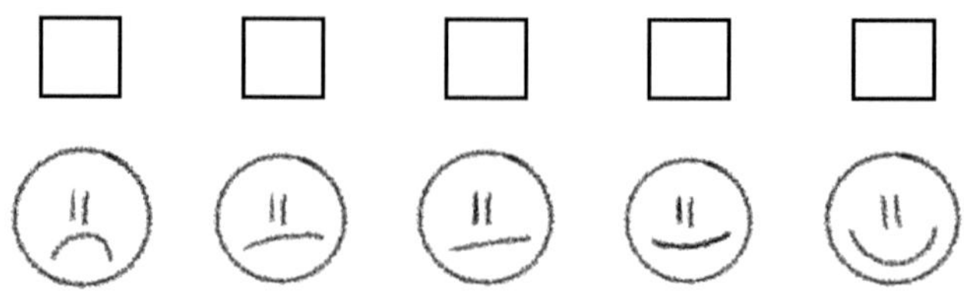

Wie gut gefällt mir mein Date?

DAS ERSCHEINUNGSBILD:

☐ ☐ ☐ ☐ ☐ ☐ ☐ ☐ ☐ ☐

DER KLEIDUNGSSTIL:

☐ ☐ ☐ ☐ ☐ ☐ ☐ ☐ ☐ ☐

DAS VERHALTEN UND DIE MANIEREN:

☐ ☐ ☐ ☐ ☐ ☐ ☐ ☐ ☐ ☐

DIE GESPRÄCHE:

☐ ☐ ☐ ☐ ☐ ☐ ☐ ☐ ☐ ☐

Der Humor:

☐ ☐ ☐ ☐ ☐ ☐ ☐ ☐ ☐ ☐

Gemeinsame Interessen:

☐ ☐ ☐ ☐ ☐ ☐ ☐ ☐ ☐ ☐

Flirt-Faktor:

☐ ☐ ☐ ☐ ☐ ☐ ☐ ☐ ☐ ☐

Potential als fester Partner / als feste Partnerin:

☐ ☐ ☐ ☐ ☐ ☐ ☐ ☐ ☐ ☐

Gesamtbewertung des Dates:

☐ ☐ ☐ ☐ ☐ ☐ ☐ ☐ ☐ ☐

Date-Historie

NAME DES DATE-PARTNERS / DER DATE-PARTNERIN: ____________________________

DATE-ZEITPUNKT: ____________________________

DATE-ORT: ____________________________

MEINE ERWARTUNGSHALTUNG: ____________________________

____

NERVOSITÄTSLEVEL: ☐ ☐ ☐ ☐ ☐

DER ERSTE EINDRUCK: ☐ ☐ ☐ ☐ ☐

SO LIEF DAS DATE AB:

1. ____________________________

2. ____________________________

3. ____________________________

Das war der schönste Moment: ______________________________

____

Das war der schlimmste Moment: ______________________________

____

Wäre das Date ein Song gewesen, hätte es folgenden Titel: ____________

____

Dieser Berühmtheit ähnelt mein Dating-Partner / meine Dating-Partnerin: ____

____

____

So würde mein bester Freund / meine beste Freundin dieses Date bewerten:

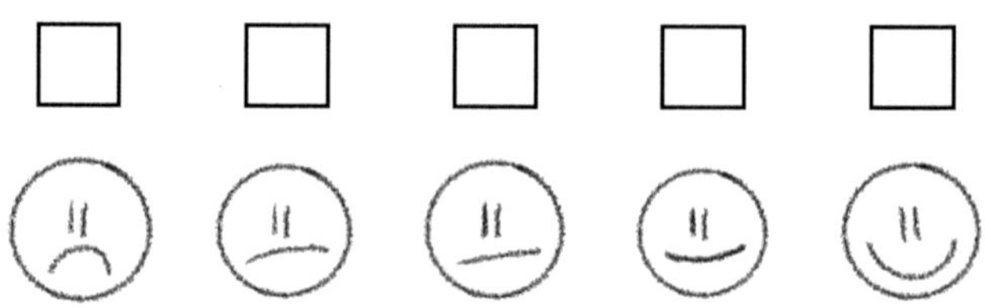

Wie gut gefällt mir mein Date?

Das Erscheinungsbild:

☐ ☐ ☐ ☐ ☐ ☐ ☐ ☐ ☐ ☐

Der Kleidungsstil:

☐ ☐ ☐ ☐ ☐ ☐ ☐ ☐ ☐ ☐

Das Verhalten und die Manieren:

☐ ☐ ☐ ☐ ☐ ☐ ☐ ☐ ☐ ☐

Die Gespräche:

☐ ☐ ☐ ☐ ☐ ☐ ☐ ☐ ☐ ☐

Der Humor:

☐ ☐ ☐ ☐ ☐ ☐ ☐ ☐ ☐ ☐

Gemeinsame Interessen:

☐ ☐ ☐ ☐ ☐ ☐ ☐ ☐ ☐ ☐

Flirt-Faktor:

☐ ☐ ☐ ☐ ☐ ☐ ☐ ☐ ☐ ☐

Potential als fester Partner / als feste Partnerin:

☐ ☐ ☐ ☐ ☐ ☐ ☐ ☐ ☐ ☐

Gesamtbewertung des Dates:

☐ ☐ ☐ ☐ ☐ ☐ ☐ ☐ ☐ ☐

Date-Historie

Name des Date-Partners / der Date-Partnerin: ______________________________

Date-Zeitpunkt: ______________________________

Date-Ort: ______________________________

Meine Erwartungshaltung: ______________________________

____

Nervositätslevel: ☐ ☐ ☐ ☐ ☐

Der erste Eindruck: ☐ ☐ ☐ ☐ ☐

So lief das Date ab:

1. ______________________________

2. ______________________________

3. ______________________________

Das war der schönste Moment: ______________________________

____

Das war der schlimmste Moment: ______________________________

____

Wäre das Date ein Song gewesen, hätte es folgenden Titel: ______________________________

____

Dieser Berühmtheit ähnelt mein Dating-Partner / meine Dating-Partnerin: ______________________________

____

____

So würde mein bester Freund / meine beste Freundin dieses Date bewerten:

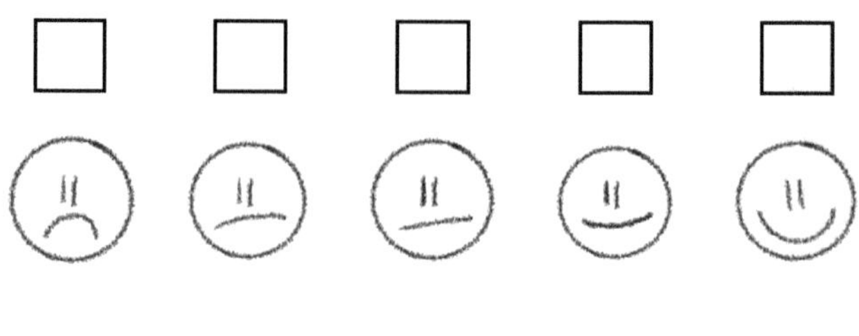

Wie gut gefällt mir mein Date?

Das Erscheinungsbild:

☐ ☐ ☐ ☐ ☐ ☐ ☐ ☐ ☐ ☐

Der Kleidungsstil:

☐ ☐ ☐ ☐ ☐ ☐ ☐ ☐ ☐ ☐

Das Verhalten und die Manieren:

☐ ☐ ☐ ☐ ☐ ☐ ☐ ☐ ☐ ☐

Die Gespräche:

☐ ☐ ☐ ☐ ☐ ☐ ☐ ☐ ☐ ☐

Der Humor:

☐ ☐ ☐ ☐ ☐ ☐ ☐ ☐ ☐ ☐

Gemeinsame Interessen:

☐ ☐ ☐ ☐ ☐ ☐ ☐ ☐ ☐ ☐

Flirt-Faktor:

☐ ☐ ☐ ☐ ☐ ☐ ☐ ☐ ☐ ☐

Potential als fester Partner / als feste Partnerin:

☐ ☐ ☐ ☐ ☐ ☐ ☐ ☐ ☐ ☐

Gesamtbewertung des Dates:

☐ ☐ ☐ ☐ ☐ ☐ ☐ ☐ ☐ ☐

Date-Historie

NAME DES DATE-PARTNERS / DER DATE-PARTNERIN: ______________________________

DATE-ZEITPUNKT: ______________________________

DATE-ORT: ______________________________

MEINE ERWARTUNGSHALTUNG: ______________________________

____

NERVOSITÄTSLEVEL: ☐ ☐ ☐ ☐ ☐

DER ERSTE EINDRUCK: ☐ ☐ ☐ ☐ ☐

SO LIEF DAS DATE AB:

1. ______________________________

2. ______________________________

3. ______________________________

Das war der schönste Moment: ______________________________

____

Das war der schlimmste Moment: ______________________________

____

Wäre das Date ein Song gewesen, hätte es folgenden Titel: ______________________________

____

Dieser Berühmtheit ähnelt mein Dating-Partner / meine Dating-Partnerin: _____

____

____

So würde mein bester Freund / meine beste Freundin dieses Date bewerten:

☐ ☐ ☐ ☐ ☐

Wie gut gefällt mir mein Date?

DAS ERSCHEINUNGSBILD:

☐ ☐ ☐ ☐ ☐ ☐ ☐ ☐ ☐ ☐

DER KLEIDUNGSSTIL:

☐ ☐ ☐ ☐ ☐ ☐ ☐ ☐ ☐ ☐

DAS VERHALTEN UND DIE MANIEREN:

☐ ☐ ☐ ☐ ☐ ☐ ☐ ☐ ☐ ☐

DIE GESPRÄCHE:

☐ ☐ ☐ ☐ ☐ ☐ ☐ ☐ ☐ ☐

Der Humor:

☐ ☐ ☐ ☐ ☐ ☐ ☐ ☐ ☐ ☐

Gemeinsame Interessen:

☐ ☐ ☐ ☐ ☐ ☐ ☐ ☐ ☐ ☐

Flirt-Faktor:

☐ ☐ ☐ ☐ ☐ ☐ ☐ ☐ ☐ ☐

Potential als fester Partner / als feste Partnerin:

☐ ☐ ☐ ☐ ☐ ☐ ☐ ☐ ☐ ☐

Gesamtbewertung des Dates:

☐ ☐ ☐ ☐ ☐ ☐ ☐ ☐ ☐ ☐

Date-Historie

NAME DES DATE-PARTNERS / DER DATE-PARTNERIN: ______________________________

DATE-ZEITPUNKT: ______________________________

DATE-ORT: ______________________________

MEINE ERWARTUNGSHALTUNG: ______________________________

____

NERVOSITÄTSLEVEL: ☐ ☐ ☐ ☐ ☐

DER ERSTE EINDRUCK: ☐ ☐ ☐ ☐ ☐

SO LIEF DAS DATE AB:

1. ______________________________

2. ______________________________

3. ______________________________

Das war der schönste Moment: ______________________________

____

Das war der schlimmste Moment: ____________________________

____

Wäre das Date ein Song gewesen, hätte es folgenden Titel: ____________

____

Dieser Berühmtheit ähnelt mein Dating-Partner / meine Dating-Partnerin: ____

____

____

So würde mein bester Freund / meine beste Freundin dieses Date bewerten:

☐ ☐ ☐ ☐ ☐

Wie gut gefällt mir mein Date?

Das Erscheinungsbild:

☐ ☐ ☐ ☐ ☐ ☐ ☐ ☐ ☐ ☐

Der Kleidungsstil:

☐ ☐ ☐ ☐ ☐ ☐ ☐ ☐ ☐ ☐

Das Verhalten und die Manieren:

☐ ☐ ☐ ☐ ☐ ☐ ☐ ☐ ☐ ☐

Die Gespräche:

☐ ☐ ☐ ☐ ☐ ☐ ☐ ☐ ☐ ☐

Der Humor:

☐ ☐ ☐ ☐ ☐ ☐ ☐ ☐ ☐ ☐

Gemeinsame Interessen:

☐ ☐ ☐ ☐ ☐ ☐ ☐ ☐ ☐ ☐

Flirt-Faktor:

☐ ☐ ☐ ☐ ☐ ☐ ☐ ☐ ☐ ☐

Potential als fester Partner / als feste Partnerin:

☐ ☐ ☐ ☐ ☐ ☐ ☐ ☐ ☐ ☐

Gesamtbewertung des Dates:

☐ ☐ ☐ ☐ ☐ ☐ ☐ ☐ ☐ ☐

Date-Historie

Name des Date-Partners / der Date-Partnerin: ______________________________

Date-Zeitpunkt: ____

Date-Ort: ____

Meine Erwartungshaltung: _____________________________________

____

Nervositätslevel: ☐ ☐ ☐ ☐ ☐

Der erste Eindruck: ☐ ☐ ☐ ☐ ☐

So lief das Date ab:

1. ____

2. ____

3. ____

Das war der schönste Moment: ____________________________________

____

Das war der schlimmste Moment: __________________________________

____

Wäre das Date ein Song gewesen, hätte es folgenden Titel: ______________

____

Dieser Berühmtheit ähnelt mein Dating-Partner / meine Dating-Partnerin: ____

____

____

So würde mein bester Freund / meine beste Freundin dieses Date bewerten:

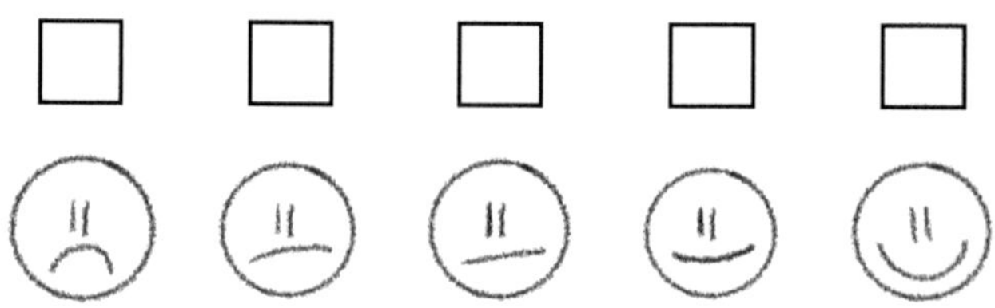

Wie gut gefällt mir mein Date?

DAS ERSCHEINUNGSBILD:

☐ ☐ ☐ ☐ ☐ ☐ ☐ ☐ ☐ ☐

DER KLEIDUNGSSTIL:

☐ ☐ ☐ ☐ ☐ ☐ ☐ ☐ ☐ ☐

DAS VERHALTEN UND DIE MANIEREN:

☐ ☐ ☐ ☐ ☐ ☐ ☐ ☐ ☐ ☐

DIE GESPRÄCHE:

☐ ☐ ☐ ☐ ☐ ☐ ☐ ☐ ☐ ☐

Der Humor:

☐ ☐ ☐ ☐ ☐ ☐ ☐ ☐ ☐ ☐

Gemeinsame Interessen:

☐ ☐ ☐ ☐ ☐ ☐ ☐ ☐ ☐ ☐

Flirt-Faktor:

☐ ☐ ☐ ☐ ☐ ☐ ☐ ☐ ☐ ☐

Potential als fester Partner / als feste Partnerin:

☐ ☐ ☐ ☐ ☐ ☐ ☐ ☐ ☐ ☐

Gesamtbewertung des Dates:

☐ ☐ ☐ ☐ ☐ ☐ ☐ ☐ ☐ ☐

Date-Historie

NAME DES DATE-PARTNERS / DER DATE-PARTNERIN: ______________________________

DATE-ZEITPUNKT: ______________________________

DATE-ORT: ______________________________

MEINE ERWARTUNGSHALTUNG: ______________________________

____

NERVOSITÄTSLEVEL: ☐ ☐ ☐ ☐ ☐

DER ERSTE EINDRUCK: ☐ ☐ ☐ ☐ ☐

SO LIEF DAS DATE AB:

1. ______________________________

2. ______________________________

3. ______________________________

DAS WAR DER SCHÖNSTE MOMENT: ______________________________

____

DAS WAR DER SCHLIMMSTE MOMENT: ______________________________

____

WÄRE DAS DATE EIN SONG GEWESEN, HÄTTE ES FOLGENDEN TITEL: ______________________________

____

DIESER BERÜHMTHEIT ÄHNELT MEIN DATING-PARTNER / MEINE DATING-PARTNERIN: _____

____

____

SO WÜRDE MEIN BESTER FREUND / MEINE BESTE FREUNDIN DIESES DATE BEWERTEN:

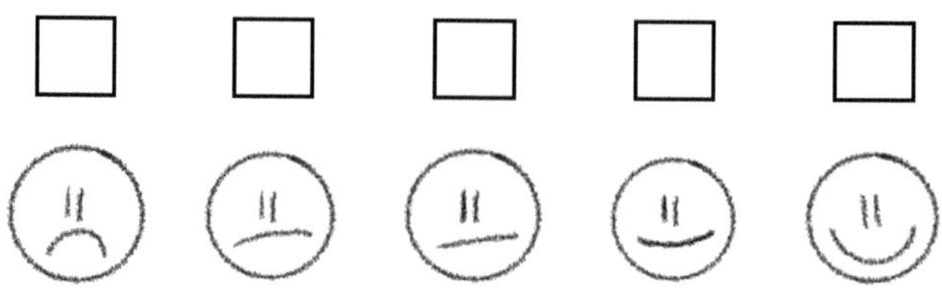

Wie gut gefällt mir mein Date?

DAS ERSCHEINUNGSBILD:

☐ ☐ ☐ ☐ ☐ ☐ ☐ ☐ ☐ ☐

DER KLEIDUNGSSTIL:

☐ ☐ ☐ ☐ ☐ ☐ ☐ ☐ ☐ ☐

DAS VERHALTEN UND DIE MANIEREN:

☐ ☐ ☐ ☐ ☐ ☐ ☐ ☐ ☐ ☐

DIE GESPRÄCHE:

☐ ☐ ☐ ☐ ☐ ☐ ☐ ☐ ☐ ☐

Der Humor:

☐ ☐ ☐ ☐ ☐ ☐ ☐ ☐ ☐ ☐

Gemeinsame Interessen:

☐ ☐ ☐ ☐ ☐ ☐ ☐ ☐ ☐ ☐

Flirt-Faktor:

☐ ☐ ☐ ☐ ☐ ☐ ☐ ☐ ☐ ☐

Potential als fester Partner / als feste Partnerin:

☐ ☐ ☐ ☐ ☐ ☐ ☐ ☐ ☐ ☐

Gesamtbewertung des Dates:

☐ ☐ ☐ ☐ ☐ ☐ ☐ ☐ ☐ ☐

Date-Historie

NAME DES DATE-PARTNERS / DER DATE-PARTNERIN: ______________________________

DATE-ZEITPUNKT: ______________________________

DATE-ORT: ______________________________

MEINE ERWARTUNGSHALTUNG: ______________________________

____

NERVOSITÄTSLEVEL: ☐ ☐ ☐ ☐ ☐

DER ERSTE EINDRUCK: ☐ ☐ ☐ ☐ ☐

SO LIEF DAS DATE AB:

1. ______________________________

2. ______________________________

3. ______________________________

Das war der schönste Moment: ______________________________

____

Das war der schlimmste Moment: ______________________________

____

Wäre das Date ein Song gewesen, hätte es folgenden Titel: ______________

____

Dieser Berühmtheit ähnelt mein Dating-Partner / meine Dating-Partnerin: _____

____

____

So würde mein bester Freund / meine beste Freundin dieses Date bewerten:

☐ ☐ ☐ ☐ ☐

Date-Historie

Name des Date-Partners / der Date-Partnerin: ______________________________

Date-Zeitpunkt: ______________________________

Date-Ort: ______________________________

Meine Erwartungshaltung: ______________________________

____

Nervositätslevel: ☐ ☐ ☐ ☐ ☐

Der erste Eindruck: ☐ ☐ ☐ ☐ ☐

So lief das Date ab:

1. ______________________________

2. ______________________________

3. ______________________________

DAS WAR DER SCHÖNSTE MOMENT: ____

____

DAS WAR DER SCHLIMMSTE MOMENT: ______________________________________

____

WÄRE DAS DATE EIN SONG GEWESEN, HÄTTE ES FOLGENDEN TITEL: ________________

____

DIESER BERÜHMTHEIT ÄHNELT MEIN DATING-PARTNER / MEINE DATING-PARTNERIN: _____

____

____

SO WÜRDE MEIN BESTER FREUND / MEINE BESTE FREUNDIN DIESES DATE BEWERTEN:

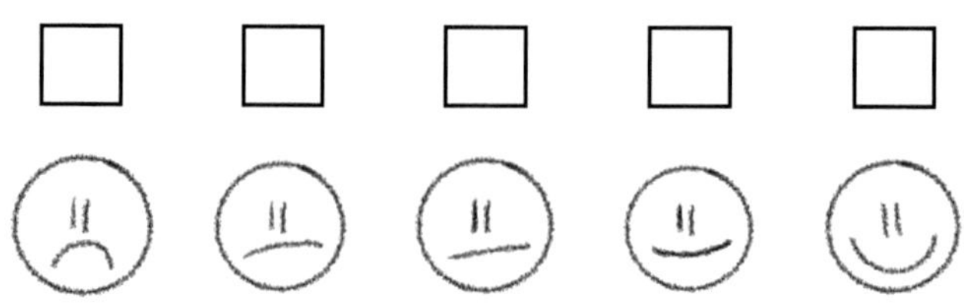

Wie gut gefällt mir mein Date?

Das Erscheinungsbild:

☐ ☐ ☐ ☐ ☐ ☐ ☐ ☐ ☐ ☐

Der Kleidungsstil:

☐ ☐ ☐ ☐ ☐ ☐ ☐ ☐ ☐ ☐

Das Verhalten und die Manieren:

☐ ☐ ☐ ☐ ☐ ☐ ☐ ☐ ☐ ☐

Die Gespräche:

☐ ☐ ☐ ☐ ☐ ☐ ☐ ☐ ☐ ☐

Der Humor:

☐ ☐ ☐ ☐ ☐ ☐ ☐ ☐ ☐ ☐

Gemeinsame Interessen:

☐ ☐ ☐ ☐ ☐ ☐ ☐ ☐ ☐ ☐

Flirt-Faktor:

☐ ☐ ☐ ☐ ☐ ☐ ☐ ☐ ☐ ☐

Potential als fester Partner / als feste Partnerin:

☐ ☐ ☐ ☐ ☐ ☐ ☐ ☐ ☐ ☐

Gesamtbewertung des Dates:

☐ ☐ ☐ ☐ ☐ ☐ ☐ ☐ ☐ ☐

Date-Historie

NAME DES DATE-PARTNERS / DER DATE-PARTNERIN: ______________________________

DATE-ZEITPUNKT: ____

DATE-ORT: ____

MEINE ERWARTUNGSHALTUNG: _____________________________________

____

NERVOSITÄTSLEVEL: ☐ ☐ ☐ ☐ ☐

DER ERSTE EINDRUCK: ☐ ☐ ☐ ☐ ☐

SO LIEF DAS DATE AB:

1. ____

2. ____

3. ____

Das war der schönste Moment: ____________________________________

____

Das war der schlimmste Moment: ___________________________________

____

Wäre das Date ein Song gewesen, hätte es folgenden Titel: ______________

____

Dieser Berühmtheit ähnelt mein Dating-Partner / meine Dating-Partnerin: _____

____

____

So würde mein bester Freund / meine beste Freundin dieses Date bewerten:

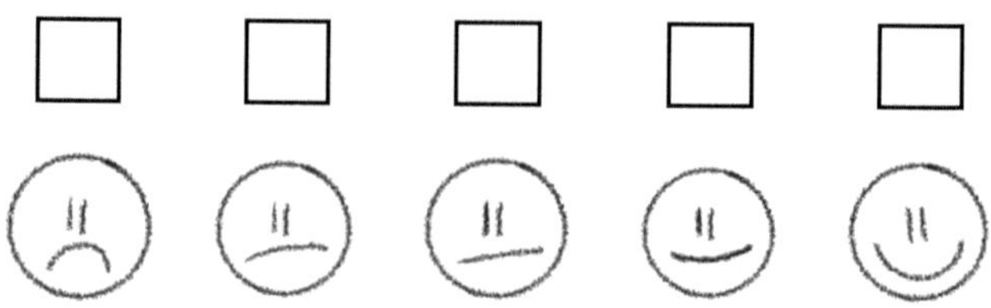

Wie gut gefällt mir mein Date?

DAS ERSCHEINUNGSBILD:

☐ ☐ ☐ ☐ ☐ ☐ ☐ ☐ ☐ ☐

DER KLEIDUNGSSTIL:

☐ ☐ ☐ ☐ ☐ ☐ ☐ ☐ ☐ ☐

DAS VERHALTEN UND DIE MANIEREN:

☐ ☐ ☐ ☐ ☐ ☐ ☐ ☐ ☐ ☐

DIE GESPRÄCHE:

☐ ☐ ☐ ☐ ☐ ☐ ☐ ☐ ☐ ☐

Der Humor:

☐ ☐ ☐ ☐ ☐ ☐ ☐ ☐ ☐ ☐

Gemeinsame Interessen:

☐ ☐ ☐ ☐ ☐ ☐ ☐ ☐ ☐ ☐

Flirt-Faktor:

☐ ☐ ☐ ☐ ☐ ☐ ☐ ☐ ☐ ☐

Potential als fester Partner / als feste Partnerin:

☐ ☐ ☐ ☐ ☐ ☐ ☐ ☐ ☐ ☐

Gesamtbewertung des Dates:

☐ ☐ ☐ ☐ ☐ ☐ ☐ ☐ ☐ ☐

Date-Historie

NAME DES DATE-PARTNERS / DER DATE-PARTNERIN: ______________________________

DATE-ZEITPUNKT: ______________________________

DATE-ORT: ______________________________

MEINE ERWARTUNGSHALTUNG: ______________________________

____

NERVOSITÄTSLEVEL: ☐ ☐ ☐ ☐ ☐

DER ERSTE EINDRUCK: ☐ ☐ ☐ ☐ ☐

SO LIEF DAS DATE AB:

1. ______________________________

2. ______________________________

3. ______________________________

DAS WAR DER SCHÖNSTE MOMENT: ______________________________

____

DAS WAR DER SCHLIMMSTE MOMENT: ____________________________

____

WÄRE DAS DATE EIN SONG GEWESEN, HÄTTE ES FOLGENDEN TITEL: ____________

____

DIESER BERÜHMTHEIT ÄHNELT MEIN DATING-PARTNER / MEINE DATING-PARTNERIN: _____

____

____

SO WÜRDE MEIN BESTER FREUND / MEINE BESTE FREUNDIN DIESES DATE BEWERTEN:

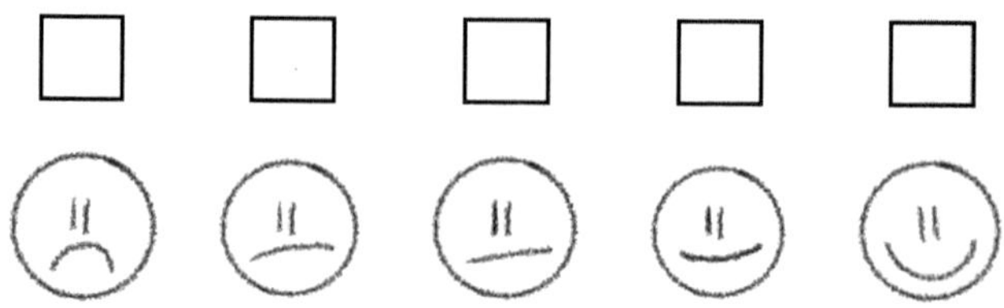

Wie gut gefällt mir mein Date?

Das Erscheinungsbild:

☐ ☐ ☐ ☐ ☐ ☐ ☐ ☐ ☐ ☐

Der Kleidungsstil:

☐ ☐ ☐ ☐ ☐ ☐ ☐ ☐ ☐ ☐

Das Verhalten und die Manieren:

☐ ☐ ☐ ☐ ☐ ☐ ☐ ☐ ☐ ☐

Die Gespräche:

☐ ☐ ☐ ☐ ☐ ☐ ☐ ☐ ☐ ☐

Der Humor:

☐ ☐ ☐ ☐ ☐ ☐ ☐ ☐ ☐ ☐

Gemeinsame Interessen:

☐ ☐ ☐ ☐ ☐ ☐ ☐ ☐ ☐ ☐

Flirt-Faktor:

☐ ☐ ☐ ☐ ☐ ☐ ☐ ☐ ☐ ☐

Potential als fester Partner / als feste Partnerin:

☐ ☐ ☐ ☐ ☐ ☐ ☐ ☐ ☐ ☐

Gesamtbewertung des Dates:

☐ ☐ ☐ ☐ ☐ ☐ ☐ ☐ ☐ ☐

Date-Historie

NAME DES DATE-PARTNERS / DER DATE-PARTNERIN: ______________________________

DATE-ZEITPUNKT: ______________________________

DATE-ORT: ______________________________

MEINE ERWARTUNGSHALTUNG: ______________________________

____

NERVOSITÄTSLEVEL: ☐ ☐ ☐ ☐ ☐

DER ERSTE EINDRUCK: ☐ ☐ ☐ ☐ ☐

SO LIEF DAS DATE AB:

1. ______________________________

2. ______________________________

3. ______________________________

Das war der schönste Moment: ______________________________

____

Das war der schlimmste Moment: ______________________________

____

Wäre das Date ein Song gewesen, hätte es folgenden Titel: ______________

____

Dieser Berühmtheit ähnelt mein Dating-Partner / meine Dating-Partnerin: ____

____

____

So würde mein bester Freund / meine beste Freundin dieses Date bewerten:

☐ ☐ ☐ ☐ ☐

Wie gut gefällt mir mein Date?

DAS ERSCHEINUNGSBILD:

☐ ☐ ☐ ☐ ☐ ☐ ☐ ☐ ☐ ☐

DER KLEIDUNGSSTIL:

☐ ☐ ☐ ☐ ☐ ☐ ☐ ☐ ☐ ☐

DAS VERHALTEN UND DIE MANIEREN:

☐ ☐ ☐ ☐ ☐ ☐ ☐ ☐ ☐ ☐

DIE GESPRÄCHE:

☐ ☐ ☐ ☐ ☐ ☐ ☐ ☐ ☐ ☐

Der Humor:

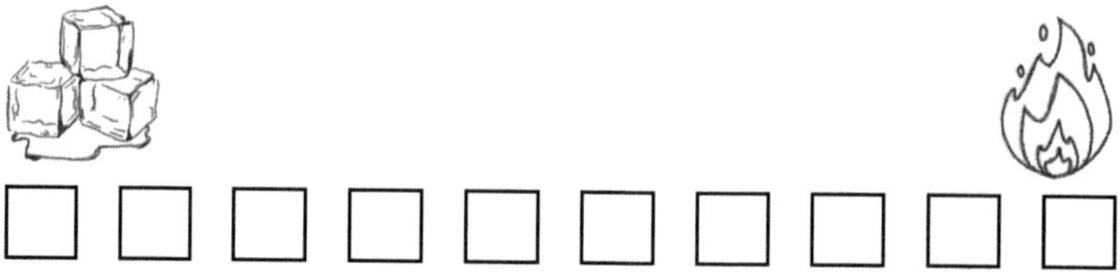

Gemeinsame Interessen:

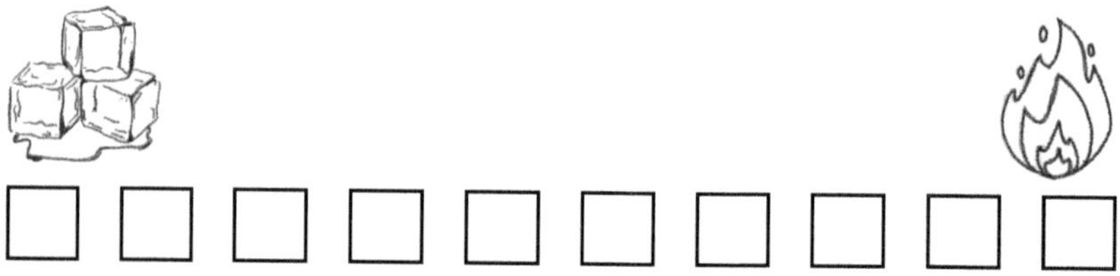

Flirt-Faktor:

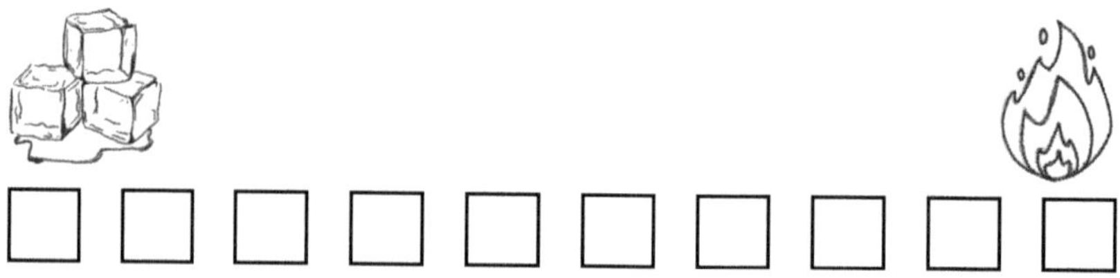

Potential als fester Partner / als feste Partnerin:

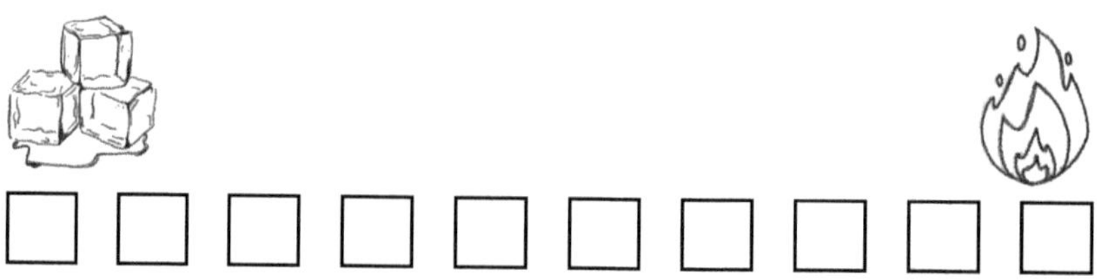

Gesamtbewertung des Dates:

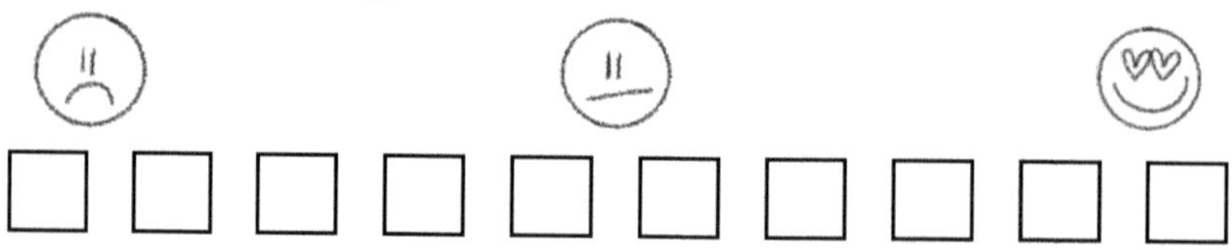

Liebe Leserin, lieber Leser,

hat Ihnen dieses Buch gefallen? Wir freuen uns über Ihre Verbesserungs-vorschläge, Kritik und Fragen zum Buch.

Die Meinung und Zufriedenheit unserer Leserinnen und Leser ist uns sehr wichtig.

Kontaktieren Sie uns deshalb gerne und schreiben uns eine E-Mail an **feedback@eulogiaverlag.de**

Wir freuen uns auf Ihre Nachricht.
Herzlichst

Ihr Eulogia Verlags Team

Printed in Poland
by Amazon Fulfillment
Poland Sp. z o.o., Wrocław

88785103R00060